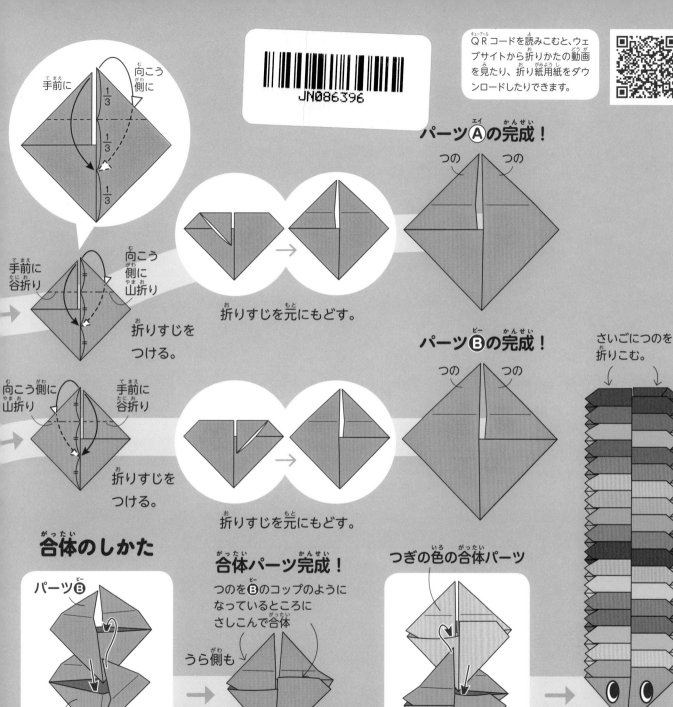

QRコードを読みこむと、ウェブサイトから折りかたの動画を見たり、折り紙用紙をダウンロードしたりできます。

手前に　向こう側に
1/3
1/3
1/3

手前に谷折り　向こう側に山折り
折りすじをつける。

折りすじを元にもどす。

パーツ Ⓐ の完成！
つの　つの

向こう側に山折り　手前に谷折り
折りすじをつける。

折りすじを元にもどす。

パーツ Ⓑ の完成！
つの　つの

さいごにつのを折りこむ。

合体のしかた

パーツⒷ

パーツⒶ

ⒶのコップのようになっているところにⒷをさしこむ。

合体パーツ完成！
つのをⒷのコップのようになっているところにさしこんで合体
うら側も

この合体パーツを17色つくる。

つぎの色の合体パーツ

つぎつぎとさしこんでつないでいく。

17色の合体パーツがつながった！

SDGsのきほん

労働と経済 目標8

監修・池上 彰 著・稲葉茂勝

編さん・こどもくらぶ

SDGs基礎知識 ⭕❌ クイズ

Q1 英語で書かれたSDGs目標8のテーマのなかの「DECENT WORK」は「働きがいのある人間らしい雇用」のことである。

Q2 SDGs目標8のテーマ「働きがいも 経済成長も」は、経済成長を持続させるためには「働きがいのある人間らしい雇用」が必要であるということをあらわしている。

Q3 家の仕事なら、どんな仕事でも「児童労働」にあたらない。

Q4 不健康な環境で長時間、低賃金で働かせる工場を、「搾取工場」とよぶ。

Q5 弱い立場の労働者として女性や障がい者のほか、移民も問題になっている。

Q6 日本は海外とくらべると長時間労働をする人は、少ないほうである。

Q7 「ワーキングプア」は、働けるのに働かないで貧困におちいっている人をさす。

Q8 SDGsでは目標8・目標9・目標10・目標11が経済的な目標といわれている。

Q9 SDGs目標8と、目標16「平和と公正をすべての人に」は、直接関係しない。

Q10 開発途上国のなかでもとくに開発がおくれた国を「後発開発途上国」という。

答え **Q1** ⭕ (→p10) **Q2** ⭕ (→p11) **Q3** ❌ (→p14) **Q4** ⭕ (→p16) **Q5** ⭕ (→p17) **Q6** ❌ (→p20) **Q7** ❌ (→p21) **Q8** ❌ (→p27) **Q9** ❌ (→p27) **Q10** ⭕ (→p28)

絵本で考えよう！SDGs

20XX年、わたしたちの未来と仕事

文・絵／よしたかゆみこ

未来のわたしたちは、
どんな仕事をしているんだろう？

輝かしい未来の場合

仕事は安全・快適で、

やりがいがある。

収入も安定している。

悲惨な未来の場合

やりたくない仕事を

イヤイヤやっている。

収入も少なく不安定。

輝かしい未来の場合

年齢や性別、障がいの有無、国籍のちがいにかかわらず、平等に働けている。

悲惨な未来の場合

自分さえよければ、他人のことはどうでもいい。
貧しい家庭の子どもを安く働かせ、もうけている。

輝かしい未来の場合

納得できる給料をもらえ、趣味や家族との時間も大切にできている。

悲惨な未来の場合

残業やストレスが多く、病気になる人もたくさんいる。給料もあがらない。

不安・ストレス

重労働

長時間労働

輝かしい未来の場合

資源や環境を大切にしながら、
みんなで助けあって
経済成長を実現している。

経済成長

2015　2030

SDGs

悲惨な未来の場合

自分勝手に資源をつかいつづけ、
環境の悪化がとまらない。
貧困や格差が広がっている。

HELP
たすけて

すべての国が豊かになり
平等で争いのない
世界になっている。

悲惨な未来の場合

世界中で少なくなった
資源や仕事をうばいあい、
すべての人が不幸になる。

きみなら、どちらを選ぶ？
どんな未来にしていくか、
社会をよく知り、
みんなで考えていこう。

世界には、とてもひどい環境で信じられないようなきびしい仕事をさせられているにもかかわらず、ほんの少しのお金しかもらえない人たちがたくさんいます。とくにひどいのが、子どもの労働です。「児童労働」といわれ、深刻な問題になっています。

働かされる子どもたち

世界には、働かなければならないために、学校にいきたくてもいけない子どもたちがたくさんいます。

ユニセフ*によると、そうした5〜17歳の子どもの数は、世界中で約1億5200万人です。また、そのうち、約7300万人が、危険な仕事をしているといわれています。

右の世界地図からは、アフリカやアジア、南アメリカの開発途上国で、児童労働が多いことがわかります。とくにアフリカのサハラ砂漠より南の国ぐにの児童労働が、深刻な問題になっています。

*すべての子どもの命と権利を守るために活動する国連機関。国連児童基金（UNICEF）。

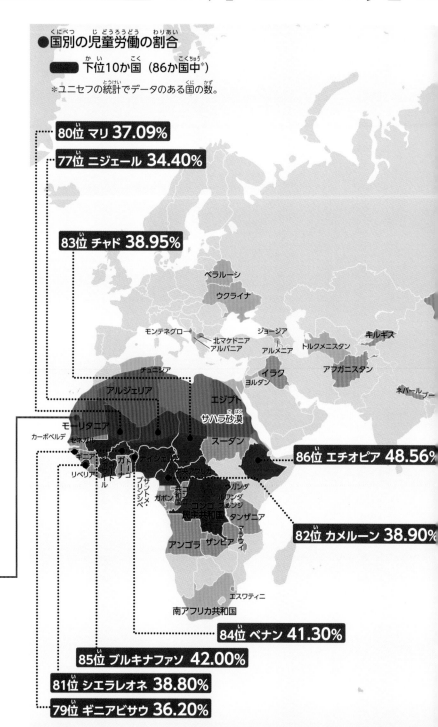

●国別の児童労働の割合

下位10か国（86か国中*）
*ユニセフの統計でデータのある国の数。

80位 マリ 37.09%
77位 ニジェール 34.40%
83位 チャド 38.95%
86位 エチオピア 48.56%
82位 カメルーン 38.90%
84位 ベナン 41.30%
85位 ブルキナファソ 42.00%
81位 シエラレオネ 38.80%
79位 ギニアビサウ 36.20%

ベラルーシ
ウクライナ
モンテネグロ
北マケドニア
アルバニア
ジョージア
アルメニア
トルクメニスタン
キルギス
チュニジア
イラク
ヨルダン
アフガニスタン
ネパール ブー
アルジェリア
エジプト
サハラ砂漠
モーリタニア
カーボベルデ
セネガル
スーダン
ギニア
リベリア
コートジボワール
ガーナ
ナイジェリア
サントメ・プリンシペ
ガボン
共和国
コンゴ
民主共和国
ウガンダ
ルワンダ
ブルンジ
タンザニア
マラウイ
アンゴラ
ザンビア
エスワティニ
南アフリカ共和国

「世界の児童労働」

G'sくん →

開発途上国では、
お金で買われた子どもが
炭鉱や農場などで働かされることも
あるんだ。親が借金をして、その返済の
ために子どもを売ることも
多いんだよ。

朝鮮民主主義
人民共和国

ラオス

ム

ボジア

ソロモン諸島

バヌアツ

78位 ハイチ 35.50%

メキシコ

ベリーズ

ジャマイカ

ドミニカ
共和国

エルサルバドル

コスタリカ

トリニダード・トバゴ

ガイアナ

スリナム

コロンビア

ペルー

パラグアイ

チリ

ウルグアイ

児童労働の割合*

- ▨ 0%－5%未満
- ▨ 5%－25%未満
- ■ 25%以上
- ▨ データなし

出典：unicef GLOBAL
DATABASES（2019）

＊5～17歳の子どもが労働をしている割合を、2010～
2018年のあいだで利用できる最新のデータで分析。
児童労働の定義はつぎの通り（SDGs目標8のターゲ
ット7の指標と同じ）。5～11歳：経済活動を週1時
間以上、または週21時間以上の無償労働／12～14
歳：経済活動を週14時間以上、または週21時間以上
の無償労働／15～17歳：経済活動を週43時間以上。

7

はじめに

みなさんは、このシリーズのタイトル「SDGsのきほん」をどう読みますか？「エスディージーエスのきほん」ではありませんよ。「エスディージーズのきほん」です。

SDGsは、英語のSUSTAINABLE DEVELOPMENT GOALsの略。意味は、「持続可能な開発目標」です。SDGがたくさん集まったことを示すためにうしろにsをつけて、SDGsとなっているのです。

SDGsは、2015年9月に国連の加盟国が一致して決めたものです。17個のゴール（目標）と「ターゲット」という「具体的な目標」を169個決めました。

最近、右のバッジをつけている人を世界のまちで見かけるようになりました。SDGsの目標の達成を願う人たちです。ところが、言葉は知っていても、「内容がよくわからない」、「SDGsの目標達成のために自分は何をしたらよいかわからない」などという人がとても多いといいます。

SDGsバッジ

ということで、ぼくたちはこのシリーズ「SDGsのきほん」をつくりました。『入門』の巻で、SDGsがどのようにしてつくられたのか、どんな内容なのかなど、SDGsの基礎知識をていねいに見ていき、ほかの17巻で1巻1ゴール（目標）ずつくわしく学んでいきます。どの巻も「絵本で考えよう！SDGs」「世界地図で見る」からはじめ、うしろのほうに「わたしたちにできること」をのせました。また、資料もたくさん収録しました。

さあ、このシリーズをよく読んで、みなさんも人類の一員として、SDGsの目標達成に向かっていきましょう。

稲葉茂勝

G'sくん

SDGが
たくさん集まって、
SDGsだよ。

もくじ

① 「働きがいも 経済成長も」とは？

SDGs目標8の「テーマ」*は、英語で「DECENT WORK AND ECONOMIC GROWTH」です。
日本語では、「働きがいも経済成長も」です。
どうしてその英語が、このような日本語に訳されたのかを考えてみましょう。

目標8の英語の原文と日本語訳

下の青字は、目標8の目標を記した英語の原文と日本語訳です。

- Promote sustained, inclusive and sustainable economic growth, full and productive employment and decent work for all

- 包摂的かつ持続可能な経済成長及びすべての人々の完全かつ生産的な雇用と
(inclusive)　(sustainable)　(economic growth)　(all)　(full)　(productive)　(employment)
働きがいのある人間らしい雇用（ディーセント・ワーク）を促進する
(decent work)　(promote)

英語の原文の inclusive（包摂的）と decent（ちゃんとした、まともな）という2つのむずかしい単語が、目標8の重要なキーワードになっています。inclusive and sustainable economic growth（包摂的かつ持続可能な経済成長）は、いいかえると「女性や子ども、障がい者、高齢者、人種のちがいに関係なく、あらゆる人を置きざりにしないで経済成長していく」という意味になります。また、decent work は、「働きがいのある人間らしい雇用（仕事）」のことです。

このように英語と日本語をてらして見ると、「働きがいも経済成長も」は、かなり苦心して訳された日本語だといえるでしょう。

＊SDGsの各目標は、文章で書かれている。それに対し、ロゴマークの上に書かれた短い言葉がある。それを「テーマ」とよんでいる。

ベトナムの電子部品工場。急速に経済成長するベトナムでは外国企業の工場がふえている。

目標8は、かなりむずかしい言葉がつかわれているけれど、はじめにしっかり理解しておこうね。

どちらも必要

目標8では、「経済成長」についてふれられています。国の経済活動が拡大し豊かになることは、すべての国がめざしていることだからです。

経済成長で得られた豊かさ（富）を多くの人びとに公正にわけるためには、富を大きくすることが必要です。同時に、その経済成長を生みだすためには、「働きがいのある人間らしい雇用（仕事）」でなければ長続きしないといわれます。そのため、目標8には、働きがいと経済成長のどちらも必要だとうたわれているのです。

② 「働きがいのある人間らしい仕事」とは？

目標8に記された「働きがいのある人間らしい仕事（ディーセント・ワーク）」は、具体的にどんなことをさしているのでしょうか？

> 「ディーセント・ワーク」＝「働きがいのある人間らしい仕事」というのをまず、覚えておいてね。

ディーセント・ワークの背景

「ディーセント・ワーク」という言葉が、はじめて世界に示されたのは、1999年の国際労働機関（ILO）[1]総会でのことでした。その背景には、急速なグローバル化（→p30）による経済成長がありました。当時、経済成長のかげで働く人の権利が軽視されたり、格差が拡大して失業率（→p29）が高くなったりするなど、深刻な問題が山積みになっていました。

フランスの労働者が団結して失業率の改善などを訴えるようす。開発途上国では、こうした労働者の団結が制限され声をあげられない場合がある。

ディーセント・ワークの条件

ILOは、下の4つの条件を満たした労働を「ディーセント・ワーク」であると定義しています。

- 賃金、労働時間、休日数に関する制度が整い、働きながら健康で人間らしい生活ができる。
- 労働基本権（→p30）をはじめとするさまざまな権利が保障されている。
- くらしと仕事の両立ができて、雇用・失業保険や医療・年金・育児・介護制度などのセーフティーネット[2]がある。
- 性別、国籍、年齢などにもとづく差別がなく、同じ仕事をした場合に収入や出世で公正にあつかわれる。

[1] 1919年に創設された労働条件や労働者の生活の改善を目的とした国連機関。現在187か国が加盟している。
[2] 病気や事故、失業などで経済的なリスクが発生したとき、生活に困窮しないよう保護するしくみ。

産業革命と過酷な労働

　現在のようなかたちの労働が生まれたのは、19世紀のことです。産業革命（→p30）が進展すると、工場労働者が急増。工場の経営者は、より多くの利益を求め、労働者を低賃金で長時間働かせました。労働時間は1日14時間がふつうで、なかには18時間労働もありました。また、賃金の低い女性や子どもたちが多くつかわれるようになり、過酷な労働を強いられました。

ILOの設立と活動内容

　このような状況が社会問題となり、労働者の問題をあつかう国際的な組織を求める声が高まりました。そして、多くの労働者が犠牲になった第一次世界大戦ののち、社会的に公平な世界をめざすことが平和のために重要であるといった考えかたに立ち、1919年、42か国が参加して国際労働機関（ILO）が設立されました。その第1回総会では、「労働は1日8時間・週48時間」などが定められました。1946年には、「フィラデルフィア憲章」がつくられ、「労働は商品ではない」*という大原則ができました。

②「働きがいのある人間らしい仕事」とは？

　そして、1999年にディーセント・ワークをめざすことが決まります。活動内容として、出産や育児をする労働者の保護、児童労働（→p14）に関する法律の制定、職場の安全や平和的な労使関係（→p30）の推進などが加わりました。

フィラデルフィア憲章に再注目

　近年、あらためてこの「フィラデルフィア憲章」が注目されるようになりました。なぜなら、開発途上国だけでなく、先進国でも「労働」がまるで「商品」のようにつかいすてられたり、買いたたかれたりする状況にあるからです。

1912年にアメリカでかかれた風刺漫画。工場のオーナーが訪問者に対して「自分の工場は問題ない」といっているが、実際は過酷な労働をさせているようすをえがいている。

＊人間は労働においても尊厳をあたえられるべきで、商品や資源のようにあつかわれるべきではないということ。

③ 児童労働の実態とその原因

「児童労働」は、産業革命以前からある「古くて新しい労働問題」だといわれています。そこには、社会で弱い立場の人ほど搾取(→p30)される（しぼりとられる）という深刻な問題があります。

児童労働の実態

世界の子どもたちのおよそ10人に1人が働いています。少なくともその半数は、強制的であったり、危険をともなう労働であったり……。

子どもが働くことは、家などの仕事を手伝う程度であれば、いけないことではありません。でも、週に何日も、1日中家庭で兄弟のめんどうをみたり、家業や畑仕事を手伝ったりしなくてはいけないようでは、たとえ家の仕事であっても、児童労働にあたります。学校にいくこともできません。教育の機会など子どもの人権がうばわれるような労働は、けっして許されません。

児童労働の起こる最大の原因は、貧困です。開発途上国などでは、子どもが働かなければ食べていけない家族がいます。そうした人びとのなかに、「学校へいっても意味がない」「女の子は教育を受けなくてもよい」といった考えかたがあると、児童労働がかんたんに生じてしまうのです。

児童労働をさせている企業の製品を買わないことや取り引きしないことも大切だよ。そのために、国連グローバルコンパクト(→p30)というしくみがあるんだ。

もっとくわしく
児童労働の定義

ILO(→p12)は、児童労働を「義務教育を受けるべき年齢（15歳未満、開発途上国は14歳未満）の子どもが、教育を受けずにおとなと同じように働くこと、または18歳未満の危険で有害な労働」と定義している。

見て見ぬふりをしている？

開発途上国の政府のなかには、積極的に先進国の企業に協力することで、経済発展をめざそうとするところがあります。

政治体制が非民主的な場合、国内でおこなわれている児童労働に対し、見て見ぬふりをしている政府もあるといわれています。

その背景には、役人の汚職（賄賂をもらって不正をすること）や、政府の児童労働を取りしまる能力が不十分なことがあげられます。

また、そもそも児童労働がよくないことと思われていない国もあります。さらに、児童労働を国の利益のために必要だと考えている政府もあるといわれます。まるで児童労働を利用して、目先の利益を得ようとしているかのようです。

もっとくわしく

子どもをやとう側の考え

子どもをやとう側の理由として、賃金がおとなより低くてすむことや、おとなより不満をいわないことなどがあげられている。

バングラデシュのタバコ工場。
おとなにまじって子どもが働いている。

④ 世界の深刻な労働問題

世界では、児童労働と同じように、移民や女性、障がい者など社会の弱い立場にある人が、ひどい労働を強いられること（強制労働）があります。そうさせているのは、非民主的な政府や強欲な企業などだといわれています。

強制労働

「強制労働」とは、「脅迫や支配などによって自由をうばい、意思に反して労働を強制すること」です。2016年には、世界で2490万人が政府や企業などによる強制労働の被害を受けたといわれています。

そうした強制労働の被害者のほとんどは、その状態から逃れられないように、さまざまな形でしばられています。たとえば、「賃金を支払わない」というおどしによって逃げられないようにされています。ほかにも、身体的暴力、性的暴力、家族に対する脅迫などがあります。

強制労働が多く見られる場所として多いのが、大規模農園や遠洋漁船、建設現場、搾取工場などです。

もっとくわしく

搾取工場とは？

「搾取工場」とは、19世紀に産業革命（→p30）が起こったイギリスで生まれた言葉。不健康な環境で長時間、低賃金で労働者を働かせる工場をさす。先進国では、法律によって搾取工場を取りしまってきたが、グローバル化（→p30）が進むと、先進国の一部の企業は、途上国の搾取工場を利用するようになる。1990年代には、スポーツブランドのナイキが東南アジアの搾取工場をつかっていたことがわかり、不買運動に発展するなど、大きな問題になった。そうした工場では、労働時間や最低賃金を義務づける法律を無視しており、児童労働をさせている場合もあったという。

「搾取工場」は、あまり聞かない言葉だけど、覚えておいてね。

茶の大規模農園で茶袋を運ぶ女性たち（インドのウェストベンガル州）。

弱い立場の人たち

　ここでは、社会生活のなかで弱い立場にある移民、女性、障がい者の労働について見てみます。

- 移民の労働：世界では、国内で働くよりもお金がたくさんかせげる国へ出稼ぎにいく人がいる。なかには移民となってその国に移りすむ人も多い。ところが、近年、各国が移民を制限するようになったため、不法移民がふえてきた。そうした人たちのなかには、劣悪な環境で働く人や危険な仕事をする人も多い。世界一の経済大国アメリカでは、作物の収穫の時期など、人手が足りないところへ不法移民が大勢やってくる。

- 女性の労働：社会的・文化的・宗教的な背景によって、女性が不平等にあつかわれている国はたくさんある。それによって、男性より低い就業率、男性より低い賃金、女性に多い不安定な雇用や非正規雇用（→p30）が生まれているといわれている。

- 障がい者の労働：世界人口の15％は障がい者といわれる*。障がいがある人は、仕事が見つかりにくい（雇用されにくい）。また雇用されても低賃金であることが多い。

＊世界保健機関（ＷＨＯ）の2018年の推計。

17

ラナプラザの

「世界の縫製工場」といわれるバングラデシュで2013年4月24日、縫製工場が入った商業ビル「ラナプラザ」が崩落。死者1100人以上、負傷者2500人以上を出す最悪の惨事となりました。これが「ラナプラザの悲劇」です。

「世界の縫製工場」とは？

1971年にパキスタンから独立したバングラデシュは、人口約1億6000万人。その約15%が、1日1.9ドル未満でくらす貧困層です（2016年）。

バングラデシュでは、主要産業である縫製業が1980年代ごろから発展。世界的なアパレルメーカーの生産をうけおう「世界の縫製工場」といわれるようになりました。輸出が生産量の8割をしめ、輸出の伸びがバングラデシュの急激な経済成長を支えてきました。ところが、縫製業の労働環境はとても過酷なもので、「ラナプラザ」は、典型的な搾取工場（→p16）でした。

そうした工場で働くのは、ほとんどが女性で、長時間労働はあたりまえでした。セクハラや暴力などもありました。そんな女性たちにあたえられるのは、単純作業の重労働でした。ひたすら袖をつくるとか、ボタンをつけるとか……。くる日もくる日も……。それでは、何年働いても縫製の技術が身につきません。でも、仕事に不満をいおうものなら、すぐに解雇されてしまいます。

ラナプラザの建物は5階建てでしたが、違法に建てましされて、8階建てになっていました（事故の前に地元警察などにより危険だと指摘されていた）。

事故当日の午前9時ごろ、振動とともに建物が崩壊。それにもかかわらず操業が続けられ、火災が発生し、大きな犠牲を出しました。

縫製業が大きく発展した背景には、経営者が「縫い子の時給は数十円でおさえられます」といった宣伝文句で、先進国のアパレル企業の仕事をとってきたことがあげられています。バングラデシュの人件費の安さは、国の政策でした。

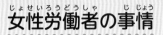

悲劇

女性労働者の事情

ラナプラザで働く女性たちのほとんどは、農村からの出稼ぎ労働者でした。多くが農村に子どもを残してラナプラザにきていたのです。

バングラデシュでは、いまなお女性の社会的地位はとても低いということが、つぎのことからうかがわれます。

- 農村では、女性はなるべく外出しない。
- 買い物は、夫が同行する。
- 教育を受ける機会も、働いてお金を得る機会も、制限されている。
- 低所得階層の女性は、選べる職業がかぎられている。

各地に縫製工場が創業されるまでは、そうした女性たちにとって、現金収入を得る手段は首都のダッカに出て家政婦として働くくらいで、ほかに仕事はありませんでした。そうした農村の女性たちがこぞって縫製工場で働くようになったのです。その仕事がどんなにきつくても、閉鎖的な空間で苦しめられても、一日中まったく自由時間がなくても……。

変わる世界のアパレル業界

ラナプラザの悲劇ののち、バングラデシュの労働の実態が世界中に知られるようになると、「あのすてきなファッションはそんなにひどい労働によってつくられていたのか！」「あのブランドは女性たちのひどい労働環境を見て見ぬふりをするのか！」などと、世界中の消費者がショックを受けました。

その結果、バングラデシュの工場に変化があらわれ、しだいに過酷な労働が改善されてきました。先進国では、政府や市民団体などによって、取り引き先の開発途上国の工場が人権を守って経営しているかなどが、チェックされるようになっていったのです。

一方、世界の消費者も人権や環境に配慮しているファッションブランドかどうかなどに気をつけながら商品を選ぶようになってきました（「エシカル消費」→『生産と消費』の巻）。

崩壊直後のラナプラザ。崩壊前日、ビルの壁に亀裂が発見されたが、工場の管理者は強制的に作業を継続させていた。

⑤ 日本の労働問題

現在、世界第3位の経済大国である日本は、先進国のなかでも失業率が低い水準にあります(→p29)。ところが、日本の労働問題は、いまだに山積み状態です。

日本は働きやすい国?

「ワーク・ライフ・バランス」という言葉があります。これは「仕事と生活の調和」のことで、働きながら育児や介護などの家庭生活を両立できるように職場や社会環境を整えることを意味しています。

OECD*が2019年に作成したワーク・ライフ・バランスの世界ランキングで、日本は、40か国中36位と順位が低く、長時間労働などの問題が指摘されています。

●ワーク・ライフ・バランス (2019年)

上位5か国		下位5か国	
1位	オランダ	36位	日本
2位	イタリア	37位	韓国
3位	デンマーク	38位	トルコ
4位	スペイン	39位	メキシコ
5位	フランス	40位	コロンビア

出典：OECD Better Life Index (2019)

日本の低さにおどろかない?

もっとくわしく

長時間労働と過労死

日本は、海外の国とくらべて長時間労働をする人の割合が高いことが問題にされてきた。「長時間労働」の定義は、法定で決められている労働時間（1日8時間）よりもながく働くこと。残業の時間が月に80時間をこえると心身の健康に大きな悪影響が出ると指摘されている。

「過労死」は、仕事による過労・ストレスが原因で病気になり、死亡すること。原因が長時間労働である場合、月に80時間以上の残業がつづいて亡くなると過労死に認定される。

なお、日本の過労死がイギリスやアメリカの新聞で報じられたのをきっかけにして、「KAROSHI」という言葉が世界に広がった。

*経済協力開発機構のこと。国際経済全般について協議することを目的とした国際機関。現在の加盟国は、37か国。

子育てする社員が働きやすいように、会社の中に独自の保育所を設置する企業がふえている。

雇用の格差

日本は、相対的貧困率[*1]がOECDの平均よりも高い水準にあります（→『貧困』の巻）。その原因の１つは、雇用の格差にあるといわれています。

日本では、正規雇用と非正規雇用（→p30）のあいだに大きな賃金格差があり、このために低所得者の割合が高くなっているのです（OECD加盟国のなかで６番目）。

ワーキングプア

「ワーキングプア」は、働いているにもかかわらず貧困である人やその状態をさす言葉です。日本では、フルタイムで働いているのに生活保護[*2]で受ける金額を下回る収入しか得られない人がいることも問題になっています。ワーキングプアは、とくに非正規労働者やひとり親家庭に多く、全体の４人に１人が、若者だといわれています。

*1 ある国の国民１人あたりの平均所得の半分以下しか所得がない世帯の割合。
*2 日本国憲法で定められた「健康で文化的な最低限度の生活」を保障する制度。

かわる日本人の

近年、日本人の働きかたが少しずつかわってきました。それは、人びとの仕事に求めるものがかわってきているからです。その傾向は新型コロナウイルス感染症*のパンデミックにより、急速に加速するのではないかといわれています。

働く意識の変化

　日本では、1960年代の高度経済成長の時代から、「一生懸命働いていれば、出世できて収入もふえる」と考える人が多くいました。ところが、その後1990年代から不況の時代になると、「一生懸命働いても必ずしも豊かになれるわけではない」と感じる人が増加。また、働くことと生きる意味とをわけて考える人も多くなってきました。彼らは、出世するより、また、高い収入を得たりするよりも、家族やなかまとくらす時間を大切にしたいといいます。ボランティアや趣味が生きがいだという人もいます。

　そうした考えかたの変化は、1995年の阪神・淡路大震災と、2011年の東日本大震災を経ていっそう顕著になってきました。近年では、NPOなどで働いて、社会貢献活動を本業として生きていこうとする若者などもふえてきました。

　このように日本人にとって、仕事は「人生の欲求を満たしてくれる土台となるもの」から「人生にとって重要なものの1つ」にかわってきています。

　20ページで見た、ワーク・ライフ・バランスが注目されている背景には、ここで記したようなことがあります。

●日本人の仕事と余暇のバランスについてどれがもっとも望ましいと思うか?

回答	1978年	2018年
仕事よりも、余暇のなかに生きがいを求める	4.0%	10.2%
仕事はさっさと片付けて、できるだけ余暇を楽しむ	28.1%	25.7%
仕事にも余暇にも、同じくらい力を入れる	20.9%	38.1%
余暇も時には楽しむが、仕事の方に全力を注ぐ	35.7%	19.4%
仕事に生きがいを求めて、全力を傾ける	8.2%	3.9%
その他	0%	0%
わからない、無回答	3.2%	2.7%

出典：NHK「日本人の意識」調査（2018）

もっとくわしく

日本の「働き方改革」

　2015年末、大手広告代理店の20代の女性社員が自殺するという事件が起きた。その理由が過剰な残業だとわかると、長時間労働についての議論が進んだ。政府は長時間労働の是正や、非正規雇用の待遇の改善などを柱とした「働き方改革」を進め、それに関連する法律をつくった（2018年）。

*2020年初頭から世界中で大流行している肺炎などをひきおこすウイルスによる感染症。日本では、人が多く集まるイベントを中止にしたり、学校を休校にするなどの対策がおこなわれた。

働きかた

新型コロナウイルスと働きかたの変化

2020年、多くの企業が、新型コロナウイルス感染症の感染拡大を防ぐためにテレワーク*を取りいれました。感染症対策によって、新たな働きかたが広がったのです。

テレワークをすれば、子育てや介護、また、病気などのために会社にいることがむずかしい人でも、仕事ができるようになり、生活と仕事を両立できるといったメリットがあります。一方、会社にとっても、子育てや介護などで仕事をやめる人をひきとめて仕事をしてもらえるメリットがあります。

日本では、テレワークをおこなう企業は、それまで2割程度でしたが、新型コロナウイルス感染症の影響により、半分近くが導入しました。テレワークをふくめ、新しい働きかたは、ワーク・ライフ・バランスをよくするといわれ、広がりを見せました。

＊「テレワーク (telework)」とは、「離れた (tele)」と「仕事（work)」をかけあわせた言葉。会社にいかずに、インターネットなどを活用して、自宅や好きな場所で仕事をする働きかた。

テレワークをすることで会社にいるよりも仕事がはかどるようになったという声もある。

⑥ わたしたちにできること

日本でも近年、働きかたを見直そうという「働き方改革」がとなえられ、仕事とプライベートの両方を充実させようとする人がふえてきました。そうしたなかで、目標8達成のために「わたしたちにできること」は？

将来の仕事について考える

かつての日本は、長時間働くことがよいことのように考える人たちがたくさんいました。そうした人たちによって、日本経済は大きく発展してきたのは事実です。ところがいま、SDGs目標8がえがく社会を実現しなければ世界が持続不可能になってしまうといわれ、多くの人が自分の働きかたを見直そうとしています。

でも、それがどうしてなのか、まだ社会に出て働いていない小・中学生には、実感としてわからないかもしれません。

それでも、将来自分がどんな働きかたをしたいのか、まわりのおとなに話を聞いたり、いろいろな仕事について調べたりすることで、だんだんとわかってくるものです。そして、SDGs目標8がえがく社会をイメージすることもできるようになるはずです。

SDGs目標8の達成のために「わたしたちにできること」のはじめの一歩は、将来の自分の仕事について考えることなのです。

キャリア教育

子どもたちには、将来の働きかたを早いうちから考えていくことが求められています。その考えのもとでおこなわれているのが、「キャリア教育」(→p30) です。

　おとなの人は、どんな働きかたをしているのでしょう。親をはじめ、まわりのおとなたちがどんな仕事をしていて、どんな働きかたをしているのかなど、よくわからないという子どもたちが多いといいます。それでは、自分が将来どんな仕事をするか思いえがくことができません。そこで「キャリア教育」が注目されています。

　キャリア教育では、右のようなことをよくおとなにインタビューします。働く人の話を直接聞くことは、「自分たちにとって働きがいのある仕事がどういうものか」などを考えるきっかけになり、SDGs目標8を達成するための「わたしたちにできること」にもつながるといわれています。

●インタビューの質問例
- 仕事の内容をくわしく教えてください。
- 職場はどこにありますか？
- 仕事の時間帯を教えてください。
- 仕事についた理由はなんですか？
- 仕事には、どんな条件や資格が必要ですか？
- 仕事のいいところ・好きなところを教えてください。
- 仕事のきらいなところ・たいへんなところを教えてください。
- 仕事でどんなことを心がけていますか？
- 仕事について家族にわかっていてほしいことを教えてください。
- 仕事のやりがいはなんですか？
- この仕事のほかにやりたかった仕事はなんですか？

25

⑦ だからSDGs目標8

「働きがいも経済成長も」と聞いて、どんなイメージをもつでしょうか。ここでは、この言葉の具体的な意味や、SDGs目標8が必要な理由を考えてみましょう。

「〜も」がポイント

「働きがいも経済成長も」は、そのどちらも両立しようということです。つまり、「働きがいを重視すると、お金がかせげない。お金をたくさんかせごうとすると、働きがいを無視せざるを得ない」というのでは、だめだというのです。でも、両方成立するのはむずかしいことです。そこでSDGsでは、国や世界経済全体の目標にしたのです。

人間らしい仕事の実現

現在、先進国では、さまざまな労働問題をかかえていますが、人びとの働きかたについての問題は少しずつ解消されてきました。たとえば、かつてあった子どもや女性の過酷な労働などは、先進国では見られなくなってきました。しかし、日本では多くの国民が働きがいのある人間らしい仕事ができているとはいえません。開発途上国には、それどころか、働きがいのある人間らしい仕事よりも目先の利益を優先させているところが多くあります。

だから、SDGsにこの目標8がうたわれているんだね。

働きかたが多様化しはじめたことで、企業には従業員の満足度が向上するような環境づくりがますます求められている。

くもの巣チャートで考えよう!

SDGs目標8も、ほかのすべての目標がそうであるように、すべての目標と関係しています。そのなかでも、目標8・目標9・目標10、そして、目標12は、経済的な分野での目標として、とくに関係が深いものと考えられています（→『入門』の巻）。

17個の目標の分類

SDGsの17個の目標は、右の図のように「経済」「社会」「環境」の3つに大きく分類できます。これは人類が持続可能な活動をしていくには、まず健全な地球環境が必要で、その上に社会活動があって、さらにその上に経済活動があることをあらわしています（→『入門』の巻）。

illustration presented by
Johan Rockström and Pavan Sukhdev

9 「産業と技術革新の基盤をつくろう」という目標9の達成は、経済成長のために必要だ。

10 現在の世界経済では、豊かな国と貧しい国の差が大きくなった。また、すべての国で国民の経済格差が大きい。目標8を達成していけば、目標10の「人や国の不平等をなくそう」も達成できる。

12 目標12の「つくる責任 つかう責任」とは、持続可能な生産と消費のしかたを求めるもの。世界中の人が、つくる責任を自覚して生産をおこない、つかう責任を自覚して消費するようになれば、健全な経済成長につながる。

17 先進国は、開発途上国からの輸入関税（輸入品にかける税金）を安くすることで、開発途上国の貿易の拡大と経済成長を支援している。

目標8のターゲットの子ども訳

SDGsの全169個のターゲットは、もともと英語で書かれていました。それを外務省が日本語にしたのが、下の　　に記したものです。むずかしい言葉が多いので、このシリーズでは、ポイントをしぼって「子ども訳」をつくりました。

8.1　世界の国ぐにが、経済成長を続ける。後発開発途上国*は年率7％の成長を保つ。

8.2　生産性の高い部門に重きをおく。

8.3　中小零細企業を応援する。

8.4　じょじょに資源を効率よくつかえるよう改善して、経済成長が環境悪化の原因とならないようにする。

8.5　すべての人が平等に仕事をして平等に賃金を得られるようにする。

8.6　2020年までに仕事のない若者をへらす。

8.7　強制労働、人身売買、児童労働をなくす。2025年までに児童兵士を根絶する。

8.8　安心・安全な労働環境をつくる。

8.9　持続可能な観光業を支援する。

8.10　すべての人にとって銀行などの金融サービスを利用しやすいものにする。

8.a　開発途上国、とくに後発開発途上国に対する貿易のための援助を拡大する。

8.b　2020年までに、世界中の若者が仕事につけるようにする。

目標8のターゲット（外務省仮訳）

8.1　各国の状況に応じて、一人当たり経済成長率を持続させる。特に後発開発途上国は少なくとも年率7%の成長率を保つ。

8.2　高付加価値セクターや労働集約型セクターに重点を置くことなどにより、多様化、技術向上及びイノベーションを通じた高いレベルの経済生産性を達成する。

8.3　生産活動や適切な雇用創出、起業、創造性及びイノベーションを支援する開発重視型の政策を促進するとともに、金融サービスへのアクセス改善などを通じて中小零細企業の設立や成長を奨励する。

8.4　2030年までに、世界の消費と生産における資源効率を漸進的に改善させ、先進国主導の下、持続可能な消費と生産に関する10か年計画枠組みに従い、経済成長と環境悪化の分断を図る。

8.5　2030年までに、若者や障害者を含む全ての男性及び女性の、完全かつ生産的な雇用及び働きがいのある人間らしい仕事、並びに同一労働同一賃金を達成する。

8.6　2020年までに、就労、就学及び職業訓練のいずれも行っていない若者の割合を大幅に減らす。

8.7　強制労働を根絶し、現代の奴隷制、人身売買を終わらせるための緊急かつ効果的な措置の実施、最悪な形態の児童労働の禁止及び撲滅を確保する。2025年までに児童兵士の募集と使用を含むあらゆる形態の児童労働を撲滅する。

8.8　移住労働者、特に女性の移住労働者や不安定な雇用状態にある労働者など、全ての労働者の権利を保護し、安全・安心な労働環境を促進する。

8.9　2030年までに、雇用創出、地方の文化振興・産品販促につながる持続可能な観光業を促進するための政策を立案し実施する。

8.10　国内の金融機関の能力を強化し、全ての人々の銀行取引、保険及び金融サービスへのアクセスを促進・拡大する。

8.a　後発開発途上国への貿易関連技術支援のための拡大統合フレームワーク（EIF）などを通じた支援を含む、開発途上国、特に後発開発途上国に対する貿易のための援助を拡大する。

8.b　2020年までに、若年雇用のための世界的戦略及び国際労働機関（ILO）の仕事に関する世界協定の実施を展開・運用化する。

*開発途上国のなかでも、とくに開発がおくれた国ぐに。

2019年には働きたいのに仕事がない人
（失業者）が、世界中で約2億1200万人も
いるという統計が出ています。

南アフリカの若者の失業率は世界一の約57％。失業者が犯罪に走ることも多く南アフリカ最大の都市ヨハネスバーグは世界一の犯罪発生都市といわれる。

●世界の失業者

　世界の失業者のうち約8割が開発途上国に住んでいます。一方、先進国にも失業者がいて、その数は、世界全体の2割ほどとなっています。とくに、世界の若者（15〜24歳）の失業率は、13.1％（2016年）にのぼります。なかでも中東諸国は、失業者に占める若者の割合が非常に高いといわれています。

●世界の失業率

■ 下位5か国・地域（195か国・地域中）

出典：ILOSTAT（2020）

15〜64歳までの男女を対象に、2005〜2019年のあいだで利用できる最新の数値で集計。

194位 コソボ 25.7％

191位 北マケドニア 17.4％

192位 ギリシャ 17.5％

193位 パレスチナ 25.6％

195位 南アフリカ共和国 28.7％

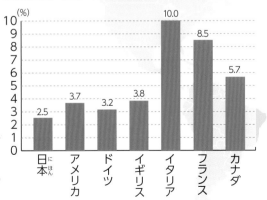

EUでは失業の原因の1つとして、移民の増加があげられているよ。移民が安い給料で働くため、その国の人たちが、仕事につけなくなるんだって。

●先進国（G7*）の失業率

国	失業率（%）
日本	2.5
アメリカ	3.7
ドイツ	3.2
イギリス	3.8
イタリア	10.0
フランス	8.5
カナダ	5.7

＊日本、アメリカ、イギリス、ドイツ、フランス、イタリア、カナダの7か国が集まり世界経済について話しあう会議。

SDGs関連用語解説

キャリア教育 ······························ 25
「1人ひとりの社会的・職業的自立に向け、必要な能力や態度を育てることを通してキャリア発達*を促す教育」のこと（中央教育審議会「今後の学校におけるキャリア教育・職業教育の在り方について（答申）」より）。

グローバル化 ······················ 12、16
グローバル化とは、政治・経済・文化など、さまざまな側面において、国家や地域の垣根をこえて、人や物、資金、情報のやりとりがおこなわれること。貿易の拡大もその1つ。いろいろな商品を手に入れやすくなる一方、国と国との経済格差が大きくなってしまう問題が指摘されている。また、気候変動や感染症の流行なども深刻化しており、地球規模での対策が必要だといわれている。

国連グローバルコンパクト ················· 14
国連が世界の企業に実践をよびかける、下記10項目の原則。1999年の世界経済フォーラムでコフィー・アナン国連事務総長（当時）が提唱した。こうした原則を守って企業が活動することで、社会の持続的発展に貢献することが期待されている。161か国から約1万3000の企業・団体さんが参加している（2017年11月時点）。
・人権擁護の支持と尊重
・人権侵害への非加担
・結社の自由と団体交渉権の承認
・強制労働の排除
・児童労働の実効的な廃止
・雇用と職業の差別撤廃
・環境問題の予防的アプローチ
・環境に対する責任のイニシアティブ
・環境にやさしい技術の開発と普及
・強要や贈収賄をふくむあらゆる形態の腐敗防止の取りくみ

搾取 ······························ 14
しぼりとること。とくに資本家や地主など強い立場にある人が、労働者や農民など弱い立場の人に対し労働した分に値するお金を支払わず、自分たちの利益を拡大しようとすること。

産業革命 ······················ 13、14、16
18世紀後半にイギリスからはじまった、技術革新による産業・経済・社会の大変革のこと。19世紀前半にはヨーロッパの各国に広がった。機械設備をもつ大工場があらわれたことで、大量生産が可能となった。日本では、19世紀末から20世紀初頭にかけて起こった。

正規雇用・非正規雇用 ·············· 17、21
正規雇用：期間をとくに決めずに定年まで働く契約をむすぶ。正社員。
非正規雇用：期間を限定し、比較的短期間での契約をむすぶ。パートタイマー、アルバイト、契約社員、派遣社員、請負労働者、期間工、季節工、準社員、フリーターなどがある。

労使関係 ······························ 13
労働者と使用者（経営者）との関係のこと。また、労働組合と経営者の関係をさすことも多い。労働組合は、労働条件の交渉を経営者に対しておこなう労働者のグループ。

労働基本権 ······························ 12
労働者の地位向上のために認められている権利。
・団体権：労働組合をつくる権利。
・団体交渉権：会社の経営者と対等に交渉する権利。
・団体行動権：労働者が団結して仕事を放棄（ストライキ）する権利。
これらにより労働条件の見直しを要求することができる。

※数字は、関連用語がのっているページを示しています。

＊社会のなかで自分の役割をはたしながら自分らしい生きかたを実現していく過程のこと。

さくいん

■監修
池上　彰（いけがみあきら）
1950年長野県松本市生まれ。慶應義塾大学卒業後、1973年、NHKに記者として入局。1994年から「週刊子どもニュース」キャスター。2005年3月NHK退社後、ジャーナリストとして活躍。名城大学教授、東京工業大学特命教授。著書に『ニュースの現場で考える』（岩崎書店）、『そうだったのか！ 現代史』（集英社）、『伝える力』（PHP研究所）ほか多数。

■著
稲葉茂勝（いなばしげかつ）
1953年東京生まれ。東京外国語大学卒。編集者としてこれまでに1350冊以上の著作物を担当。著書は80冊以上。近年子どもジャーナリスト（Journalist for Children）として活動。2019年にNPO法人子ども大学くにたちを設立し、同理事長に就任して以来「SDGs子ども大学運動」を展開している。

■協力
渡邉　優（わたなべまさる）
1956年東京生まれ。東京大学卒業後、外務省に入省。大臣官房審議官、キューバ大使などを歴任。日本国際問題研究所客員研究員、防衛大学校教授、国連英検特A級面接官なども務める。

■表紙絵
黒田征太郎（くろだせいたろう）
ニューヨークから世界へ発信していたイラストレーターだったが、2008年に帰国。大阪と門司港をダブル拠点として、創作活動を続けている。著書は多数。2019年には、本書著者の稲葉茂勝とのコラボで、手塚治虫の「鉄腕アトム」のオマージュ『18歳のアトム』を発表し、話題となった。

■絵本
文・絵：よしたかゆみこ
加藤義隆（1973年生まれ、愛媛県出身）と加藤祐美子（1970年生まれ、神奈川県出身）の夫婦による絵本制作ユニット。 ゆうゆう絵本講座23期生。

■編さん
こどもくらぶ
編集プロダクションとして、主に児童書の企画・編集・制作をおこなう。全国の学校図書館・公共図書館に多数の作品が所蔵されている。

■編集
津久井　恵（つくいけい）
40数年間、児童書の編集に携わる。現在フリー編集者。日本児童文学者協会、日本児童文芸家協会、季節風会員。

■G'sくん開発
稲葉茂勝
（制作・子ども大学くにたち事務局）

■地図
周地社

■装丁・デザイン
矢野瑛子・佐藤道弘

■DTP
こどもくらぶ

■写真協力
p11：©Huy Nguyen - Dreamstime.com
p12：©Andrei Iancu - Dreamstime.com
p15：©Sjors737 - Dreamstime.com
p17：©Antonella865 - Dreamstime.com
p20：ふじよ / PIXTA（ピクスタ）
p23：kou / PIXTA（ピクスタ）
p24：まちゃー / PIXTA（ピクスタ）
p25：A_Team / PIXTA（ピクスタ）
p26：mits / PIXTA（ピクスタ）
p29：©Michael Turner - Dreamstime.com

FSC ミックス
紙 | 責任ある森林管理を支えています
www.fsc.org　FSC® C013238

SDGsのきほん　未来のための17の目標⑨ 労働と経済 目標8　　　　　　　　N.D.C.366

2020年11月　第1刷発行　　2023年1月　　第4刷

著　　　　稲葉茂勝
発行者　　千葉 均　　編集　堀創志郎
発行所　　株式会社ポプラ社
　　　　　〒102-8519　東京都千代田区麹町4-2-6
　　　　　ホームページ　www.poplar.co.jp
印刷・製本　図書印刷株式会社

Printed in Japan
©Shigekatsu INABA 2020

31p 24cm
ISBN978-4-591-16741-0

監修者からのメッセージ

　あなたは将来、どんな仕事をするんだろう。それを考えると、ワクワク・ドキドキしないかな？

　でも、世界には、働くことに夢をもてない人たちが大勢いるのです。生きていくために仕方なしに辛い仕事をする。それも長時間。そんなことをしていたら、身体をこわして病気になってしまいます。なかには命を落としてしまう人もいるのです。

　本来、働くということは、自分の力を発揮して世のなかのためになることのはずなのですが、それができないなんて、悔しいと思いませんか。

　とりわけ家計を助けるために働き、学校にいけない子どもたちが大勢います。彼らは学校にいけないため、読み書きすることがじゅうぶんにできません。そのため、きちんとした就職ができず、給料が安くて不安定な仕事しかできません。すると、家庭は貧しいまま。子どもが生まれても、その子も学校にいけないままになります。こういう状態を「負の連鎖」といいます。マイナスの状態が、まるで鎖のようにずっと続くというわけです。これでは「持続可能」ではありませんね。

　それを止めるためには、健康を害するような辛い仕事につかなくても、働けば働いただけの給料が受けとれ、生きがいを感じることができる社会をつくりあげていかなければなりません。これこそがSDGsの大きな目標の1つです。そのためにあなたに何ができるのか考えてみてください。

ジャーナリスト　池上　彰

ＳＤＧｓのきほん　未来のための17の目標

全18巻

G's くんのつくりかた

G'sくんは ぼくだよ。 写真

パーツⒶⒷは同じ色の折り紙でつくるよ。

ⒶⒷの順につくってから合体してね。

Ⓐ Ⓑ

パーツⒶのつくりかた

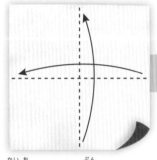

2回折って、4分の1にする。

すべて開く。

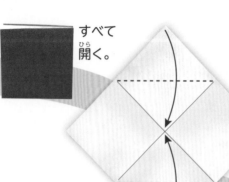

中心に向けて折る。

半分に折る。

まん中であわせる

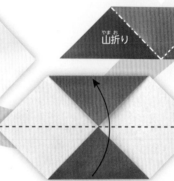

山折り　谷折り

半分に折る。

まん中であわせる

パーツⒷのつくりかた

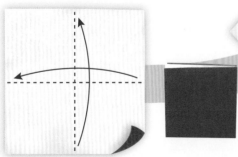

2回折って、4分の1にする。

すべて開く。

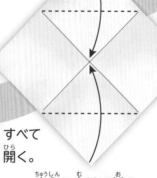

中心に向けて折る。

半分に折る。

谷折り　山折り